竞技武术套路动作库

国家体育总局武术运动管理中心　审定

南棍

人民体育出版社

图书在版编目（CIP）数据

南棍 / 国家体育总局武术运动管理中心审定. -- 北京：人民体育出版社, 2023
（竞技武术套路动作库）
ISBN 978-7-5009-6318-9

Ⅰ. ①南… Ⅱ. ①国… Ⅲ. ①棍术(武术)—套路(武术)—中国 Ⅳ. ①G852.25

中国国家版本馆CIP数据核字(2023)第097525号

*
人民体育出版社出版发行
北京新华印刷有限公司印刷
新 华 书 店 经 销
*
710×1000 16开本 11.5印张 148千字
2023年9月第1版 2023年9月第1次印刷
印数：1—3,000册
*
ISBN 978-7-5009-6318-9
定价：46.00元

社址：北京市东城区体育馆路8号（天坛公园东门）
电话：67151482（发行部） 邮编：100061
传真：67151483 邮购：67118491
网址：www.psphpress.com
（购买本社图书，如遇有缺损页可与邮购部联系）

编 委 会

动作示范（以姓氏笔画为序）

王子文　巨文馨　吕泰东　刘忠鑫　汤　露
孙培原　杜洪杰　李剑鸣　杨顺洪　张雅玲
张　黎　陈洲理　查苏生　姚　洋　常志昭
梁永达　童　心

为武术更加灿烂的明天

——总结经典 传承经典 创造经典

陈恩堂

竞技武术套路动作库从立项到推出，历时3年有余，历经艰辛探究，今日终于得以付梓，令人欣喜万分。我谨代表国家体育总局武术运动管理中心、武术研究院、中国武术协会，对竞技武术套路动作库出版成书表示热烈的祝贺！

中华武术源远流长，博大精深，是中华民族优秀传统文化的瑰宝。古往今来，在武术发展的历史长河中，产生了许多独具特色的拳种流派，涌现了许多身怀绝技的武林高手，流传着许多让人津津乐道的传奇故事。历代的武术先辈们给我们留下了丰厚的武术遗产。作为新时代的武术人，把这份丰厚的武术遗产继承好、发展好，是我们义不容辞的责任。

把武术先辈们留下的丰厚武术遗产继承好、发展好，首先就是要对其进行系统地总结，在总结的基础上加以传承，在传承的过程中进行创新。竞技武术套路动作库，正是遵循这样的思路，总结经典，传承经典，创造经典。

——总结经典。竞技武术套路动作库，当前共收录具有源流和传统名称的武术经典动作1941式，分为长拳、刀术、棍术、剑术、枪术、南拳、南刀、南棍、太极拳、太极剑共10个子库，如字典汇编，毫分缕析，系统总结了长拳、南拳、太极拳三大拳种的经典动作，规范了技术方法，确定了技术标准，突出武术技击本质，展示武术攻防内涵。每一个经典动作都有源流出处，都具有传统名称，不仅符合人民群众对武术古往今来的认知，更是彰显了中华传统文化符号的经典魅力，充分体现了中华文化自信。

——传承经典。竞技武术套路动作库，通过总结经典，实现武术经典动作的标准化和规范化，本身就是对武术历史经典的传承。这些标准化、规范化的经典动作，既可供武术专业运动员在比赛中选用，让运动员的整套动作演练更具可比性，更加符合现代奥林匹克运动的特征，同时，也适合广大武术爱好者尤其是青少年朋友学习掌握，将专业和业余打通，普及和提高一体。通过竞技武术套路动作库，每一个武术习练者、爱好者都会成为武术经典的传承者，武术文化的传播者。

——创造经典。竞技武术套路动作库，不仅是在总结经典、传承经典，也在创造经典。人民群众有无限的创造力。人民群众在历史上创造了武术的经典，今后也必将继续创造武术新的经典。当前收录的1941个武术经典动作只是动作库的首期工程，今后每年都会更新，进行动态调整。创新动作经过中国武术协会审定通过后，将会成为竞技武术套路动作库的一部分，这充分体现了对中华优秀传统文化的创造性转化、创新性发展。

竞技武术套路动作库的推出，是武术运动科学化、标准化的又一重要标志，是武术运动发展史上具有里程碑意义的大事，凝结了全体武术人的智慧和汗水。在此，我谨以国家体育总局武术运动管理中心、武术研究院、中国武术协会的名义，向所有为竞技武术套路动作库付出不懈努力的武术前辈、专家、运动员、教练员、裁判员和工作人员们表示衷心的感谢！向所有关心支持武术事业改革发展的各界人士表示衷心的感谢！

国运兴则体育兴，国运兴则武术兴。在中华民族伟大复兴的新征程上，作为中华民族传统体育项目和优秀传统文化的代表，武术必将在体育强国、文化强国和健康中国建设中发挥着独特作用。竞技武术套路动作库，是武术发展的新的起点，为武术在更高水平的传承和繁荣开辟了新的道路，为武术进一步现代化、国际化奠定了重要基础，为武术走向奥林匹克大舞台迈出了坚实步伐。我们相信，以此作为新的起点，通过全体武术人的团结奋斗，武术的魅力将更加显现，武术的未来将更加美好！

2023年7月1日

（作者为国家体育总局武术运动管理中心主任、党委书记，国家体育总局武术研究院院长，中国武术协会主席）

CONTENTS / 目录

1 步型

1.1 弓步

弓步 001
传统术语：卸马流水。
现代术语：弓步拨棍。
源流：蔡李佛拳五郎八卦棍第十四式。
技法：拨。

动作过程： 左脚向左前上步屈膝成左弓步；同时，双手握棍使棍梢沿逆时针方向圈绕一圈，随转体顺势使棍梢由右向身体右下方拨棍，右臂微屈，左手握棍置于左肩上；目视棍梢。

动作要点： 拨棍与拧腰转胯发力一致；力达棍梢。

弓步 002

传统术语：推沙撒海。

现代术语：弓步推棍。

源流：洪拳双头棍第七式。

技法：推。

动作过程： 左腿屈膝成左弓步；同时，双手握棍使棍身随转体向身体前方推棍，双臂微屈；目视棍梢。

动作要点： 推棍时右手腕贴紧棍身，右手心向前，推棍与拧腰转胯发力一致；力达棍身。

弓步 003

传统术语：猛虎下山。

现代术语：弓步压棍。

源流：蔡李佛拳五郎八卦棍第三式。

技法：压。

动作过程： 右脚、左脚依次上步，随即左腿屈膝成左弓步；同时，双手握棍使棍梢由右下经上向身体前方压棍，右臂伸直，左手握棍收于左腰侧；目视前方。

动作要点： 压棍沉气实腹，右手腕部贴紧棍身；力达棍梢。

弓步 004

传统术语：上马刷沙。

现代术语：弓步拦棍。

源流：莫家拳落地棍第五式。

技法：拦。

动作过程：右腿屈膝成右弓步；同时，双手握棍使棍梢由右随转体向身体左侧拦棍，双臂屈肘交叉，左手握棍置于右腋下；目视左前方。

动作要点：拦棍与拧腰转胯发力一致；力达棍梢。

弓步 005

传统术语：将军挥旗。

现代术语：弓步拨棍。

源流：蔡家拳双头棍第六式。

技法：拨。

动作过程： 右腿屈膝成右弓步；同时，双手握棍使棍梢由左随转体向右拨棍，右臂微屈，左手握棍置于右臂下方；目视棍梢。

动作要点： 拨棍与拧腰转胯发力一致，棍把段贴紧右胸侧；力达棍梢。

弓步 006

传统术语：将军守旗。

现代术语：弓步按棍。

源流：李家拳五尖棍第二式。

技法：按。

动作过程： 右腿屈膝成右弓步；同时，双手握棍随转体按于右胸前，双臂屈肘，左手握棍把置于腹部；目视前方。

动作要点： 按棍与拧腰转胯发力一致，右前臂贴紧棍身，右手食指竖直按压棍身；力达棍身。

弓步 007
传统术语：玉柱擎天。
现代术语：弓步戳棍。
源流：李家拳五尖棍第九式。
技法：戳。

动作过程： 右脚蹬地跳起，左腿顺势盖跳步，随即双脚依次落地成右弓步；同时，双手握棍使棍身沿顺时针方向划弧一圈，随转体顺势向身体前上方戳棍，右臂屈肘，左手握棍把置于腹部；目视棍梢。

动作要点： 戳棍时腰部猛然抖动，右前臂贴紧棍身；力达棍梢端。

弓步 008
传统术语：遥控指日。
现代术语：弓步弹棍。
源流：李家拳五尖棍第十七式。
技法：弹。

动作过程： 左腿屈膝成左弓步；同时，双手握棍使棍梢由右随转体向身体前上方弹棍，双臂屈肘；目视棍梢。

动作要点： 弹棍时腰部猛然抖动，右手腕部贴紧棍身；力达棍梢。

弓步 009

传统术语：毒蛇拦路。

现代术语：弓步斜拨棍。

源流：洪拳双头棍第二十五式。

技法：拨。

动作过程：左脚向后撤步，左腿屈膝成左弓步；同时，双手握棍使棍梢由右随转体向身体左下方拨棍，双臂屈肘；目视右前方。

动作要点：拨棍时双臂、双腕合力相夹；力达棍梢。

弓步 010

传统术语：箭赶流星。

现代术语：弓步戳棍。

源流：李家拳五尖棍第十八式。

技法：戳。

动作过程：右脚蹬地跳起，左腿顺势盖跳步，随即双脚依次落地，右腿屈膝成右弓步；同时，双手握棍使棍梢沿顺时针方向划弧一圈，随转体顺势向身体前方戳棍，右臂伸直，左手握棍置于右腋下；目视前方。

动作要点：戳棍时腰部猛然抖动；力达棍梢端。

弓步 011
传统术语：黄龙转身。
现代术语：弓步拨棍。
源流：南枝拳三脚虎棍第六式。
技法：拨。

动作过程：左腿屈膝成左弓步；同时，双手握棍使棍梢由右随转体向身体前下方拨棍，右臂伸直，左手握棍收于左腰侧；目视棍梢。
动作要点：拨棍与拧腰转胯发力一致；力达棍梢。

弓步 012

传统术语：丹凤朝阳。

现代术语：弓步压棍。

源流：南枝拳三脚虎棍第二十五式。

技法：压。

动作过程： 右腿屈膝成右弓步；同时，双手握棍使棍梢沿顺时针方向圈绕一圈，顺势向身体右侧压棍，右臂伸直，左手握棍收于左腰侧；目视棍梢。

动作要点： 压棍时右臂内旋，右手腕部贴紧棍身；力达棍梢。

弓步 013
传统术语：秋风扫叶。
现代术语：弓步拨棍。
源流：南枝拳三脚虎棍第二十九式。
技法：拨。

动作过程： 左脚向左横跨步，左腿屈膝成左弓步；同时，双手握棍使棍梢由右随转体向身体前方拨棍，右臂微屈，左手握棍置于左肩上；目视棍梢。

动作要点： 拨棍时双臂、双腕合力相夹；力达棍梢。

弓步 014
传统术语：回马照镜。
现代术语：弓步拨把。
源流：洪拳双头棍第四十五式。
技法：拨。

动作过程： 右脚向前上步，右腿屈膝成右弓步；同时，双手握棍使棍把由左随转体向身体前方拨把，双臂屈肘，右手握棍收于右腰侧；目视棍把。

动作要点： 转体与拨棍协调一致，拨把时沉气实腹；力达棍把。

弓步 015
传统术语：将军摆旗。
现代术语：弓步弹棍。
源流：洪拳单头棍第七式。
技法：弹。

动作过程： 左腿屈膝成左弓步；同时，双手握棍使棍梢由右随转体向身体前上方弹棍，右臂伸直，左手握棍收于左腰侧；目视棍梢。

动作要点： 弹棍与拧腰转胯发力一致，右手腕部贴紧棍身；力达棍梢。

弓步 016

传统术语：尼姑担伞。

现代术语：弓步抱棍。

源流：蔡李佛拳五郎八卦棍第十三式。

技法：抱。

动作过程：（1）左脚向左横跨步，双腿屈膝成马步；同时，双手握棍由右经上向身体左侧点棍，双臂屈肘交叉；目视棍梢。

（2）右腿蹬直成左弓步；同时，双手握棍使棍身竖直抱于身体前侧，右臂屈肘，左臂微屈；目视棍梢。

动作要点：抱棍时沉腰坐胯，右前臂贴紧棍身；力达棍身。

弓步 017
传统术语：饿虎擒羊。
现代术语：弓步抱棍。
源流：蔡李佛拳五郎八卦棍第二式。
技法：抱。

动作过程：右腿屈膝成右弓步；同时，双手握棍使棍梢沿顺时针方向圈绕一圈，顺势抱棍于身体右侧，右前臂贴紧棍身，左手握棍收于右腰侧；目视左前方。
动作要点：抱棍时沉腰坐胯；力达棍身。

弓步 018

传统术语：指定乾坤。

现代术语：弓步背棍。

源流：蔡李佛拳五郎八卦棍第二十二式。

技法：背。

动作过程：（1）右脚向右横跨步，双腿屈膝成马步；同时，右臂夹棍由右下向胸前提撩棍把，左单指手顺势由左向胸前撩指，双臂屈肘交叉，右臂在外；目随视右前方。

（2）左腿蹬直成右弓步；同时，右手握棍向身体右后背棍，左单指手顺势向左前方推出；目视左前方。

动作要点：背棍贴紧右后背，左单指手食指尖斜向上；力达棍把与食指尖。

弓步 019
传统术语：直捣黄龙。
现代术语：弓步戳把。
源流：洪拳双头棍第十式。
技法：戳。

动作过程：左腿屈膝成左弓步；同时，双手握棍由右向身体左侧戳把，双臂屈肘，右臂贴紧右胸；目视左前方。
动作要点：戳把与拧腰转胯发力一致；力达棍把端。

1.2 仆步

仆步 001
传统术语：下庄伏虎。
现代术语：仆步摔棍。
源流：李家拳五尖棍第十六式。
技法：摔。

动作过程：左脚向后撤步，随即左腿屈膝成右仆步；同时，双手握棍由上向下摔棍；目视棍梢。
动作要点：摔棍时棍身同时着地，右手腕部按压棍身；力达棍身。

1.3 虚步

虚步 001
传统术语：弯弓射月。
现代术语：虚步抽棍。
源流：蔡李佛五郎八卦棍第五十六式。
技法：抽。

动作过程： 右腿屈膝，左脚尖点地成左虚步；同时，右手握棍向身体右侧后方抽棍，左掌顺势托棍前推；目视前方。

动作要点： 虚步与抽棍协调一致；力达棍身。

1.4 蝶步

蝶步 001

传统术语：泰山压顶。

现代术语：单蝶步横拨把。

源流：南枝拳三脚虎棍第五式。

技法：拨。

动作过程： 右腿屈膝，左小腿内侧贴地成左单蝶步；同时，双手握棍使棍把由左随转体向身体前上方拨把，左臂屈肘，右手握棍收于右腰侧；目视棍把。

动作要点： 单蝶步与拨棍发力一致；力达棍把。

蝶步 002

传统术语：回头藏蛇。

现代术语：单蝶步拨棍。

源流：莫家拳落地棍第十二式。

技法：拨。

动作过程：右脚、左脚依次向后蹬地跳起后双脚顺势落地，随即左腿屈膝，右小腿内侧贴地成右单蝶步；同时，双手握棍使棍梢沿逆时针方向圈绕一圈，顺势由右贴地拨棍于身体左侧，右臂伸直，左手握棍收于左腰侧；目视棍梢。

动作要点：拨棍过程棍梢端不得离地；力达棍梢。

蝶步 003

传统术语：驻地盘龙。

现代术语：单蝶步顶棍。

源流：莫家拳落地棍第八式。

技法：顶。

动作过程： 右脚向右上步，随即右腿屈膝，左小腿内侧贴地成左单蝶步；同时，双手握棍使棍梢端由下向上顶棍，棍把触地；目视棍梢。

动作要点： 顶棍与单蝶步发力一致；力达棍梢端。

蝶步 004

传统术语：猛虎下山。

现代术语：单蝶步下推棍。

源流：洪拳双头棍第十式。

技法：推。

动作过程： 左脚向左上步，随即左腿屈膝，右小腿内侧贴地成右单蝶步；同时，双手握棍由右向身体斜前方推棍，棍梢端低于棍把端，双臂微屈；目视棍梢。

动作要点： 推棍与单蝶步发力一致；力达棍身。

蝶步 005

传统术语：扫地棍。

现代术语：单蝶步扫棍。

源流：洪拳双头棍第十六式。

技法：扫。

动作过程： 左脚向左上步，随即左腿屈膝，右小腿内侧贴地成右单蝶步；同时，双手握棍使棍梢由右随转体向身体前方扫棍，右臂伸直，左手握棍收于左腰侧；目视棍梢。

动作要点： 扫棍与单蝶步发力一致；力达棍梢。

蝶步 006
传统术语：跪步封杀。
现代术语：单蝶步击棍。
源流：洪拳双夹单棍第九式。
技法：击。

动作过程： 左脚向左上步，随即左腿屈膝，右小腿内侧贴地成右单蝶步；同时，双手握棍使棍梢由右随转体向身体前上方击棍，右臂伸直，左手握棍收于左腰侧；目视棍梢。

动作要点： 击棍与单蝶步发力一致，右手腕部贴紧棍身；力达棍梢。

蝶步 007

传统术语：怀抱琵琶。

现代术语：单蝶步抱棍。

源流：洪拳双夹单棍第七式。

技法：抱。

动作过程：左脚向左上步，随即左腿屈膝，右小腿内侧贴地成右单蝶步；同时，双手握棍随转体抱棍于身体前侧，右臂屈肘，左手握棍收于左腰侧；目视右前方。

动作要点：抱棍与单蝶步发力一致；力达棍梢。

蝶步 008

传统术语：下拦地刹。

现代术语：单蝶步摔棍。

源流：莫家拳落地棍第二十七式。

技法：摔。

动作过程： 左腿屈膝，右小腿内侧贴地成右单蝶步；同时，双手握棍使棍身由右后经上向身体前方摔棍，双臂伸直；目视棍梢。

动作要点： 摔棍与单蝶步发力一致，右手腕部按压棍身；力达棍身。

蝶步 009

传统术语：罗汉背棍。

现代术语：双蝶步背棍。

源流：洪拳双头棍第三十一式。

技法：背。

动作过程： 双脚蹬地跳起，落地后双膝跪地成双蝶步；同时，右手握棍使棍把沿顺时针方向划弧一圈顺势背棍，左拳抱于左腰间；目视棍把。

动作要点： 跳起高度不宜过高，背棍与双蝶步协调一致；力达棍把。

1.5 骑龙步

骑龙步 001
传统术语：毒蛇吐信。
现代术语：骑龙步挑把。
源流：李家教拳十八虎桩棍第十九式。
技法：挑。

动作过程：右腿屈膝前弓成骑龙步；同时，左手向棍梢方向滑动，双手顺势握棍由左随转体向身体前方挑把，左臂屈肘，右手握棍置于右肩侧；目视棍把。
动作要点：挑把时左手滑动自然流畅；力达棍把。

骑龙步 002

传统术语：玉龙落地。

现代术语：骑龙步滚压棍。

源流：洪拳单头棍第二十二式。

技法：滚压。

动作过程：右脚向后撤步，左腿屈膝前弓成骑龙步；同时，双手握棍由上向下滚压棍，双臂屈肘，右手握棍置于左大腿上；目视前方。

动作要点：滚压棍时左臂内旋，右臂外旋，发力短促；力达棍梢。

骑龙步 003

传统术语：韩信点兵。

现代术语：骑龙步弹击棍。

源流：洪拳六壬九龙棍第三式。

技法：弹。

动作过程：（1）左脚向左上步，双腿屈膝成马步；同时，双手握棍收于右腰侧；目视左前方。

（2）左腿屈膝前弓成骑龙步；同时，双手握棍使棍梢由右随转体向身体前上方弹棍，右臂伸直，左手握棍收于左腰侧；目视棍梢。

动作要点：弹棍时沉腰坐胯，发力短促，右手腕部贴紧棍身；力达棍梢。

骑龙步 004

传统术语：莲花盖顶。

现代术语：骑龙步压棍。

源流：洪拳双头棍第三十七式。

技法：压。

动作过程： 右脚向前上步，右腿屈膝前弓成骑龙步；同时，双手握棍使棍身由上向身体前下方压棍，双臂伸直；目视棍梢。

动作要点： 压棍时右手握棍，手心向下，右手腕部贴紧棍身；力达棍梢。

骑龙步 005

传统术语：上马遮拦。

现代术语：骑龙步上推棍。

源流：蔡李佛拳五郎八卦棍第二十五式。

技法：推。

动作过程：左腿屈膝前弓成骑龙步；同时，双手握棍使棍身由下向头上方推棍，双臂微屈；目视棍梢。

动作要点：推棍时腰部猛然抖动，右手腕部贴紧棍身；力达棍身。

骑龙步 006

传统术语：回马一枪。

现代术语：骑龙步后戳把。

源流：洪拳双头棍第三十一式。

技法：戳。

动作过程：左腿屈膝前弓成骑龙步；同时，双手握棍使棍把由上经两胯下方向身体后方戳把，双臂伸直；目视左前方。

动作要点：戳把沉腰坐胯，发力短促；力达棍把端。

骑龙步 007

传统术语：大船划桨。

现代术语：骑龙步扫棍。

源流：洪拳六壬九龙棍第三十二式。

技法：扫。

动作过程：双手握棍使棍梢沿逆时针方向立圆扫棍一圈，随转体顺势向身体右侧立圆扫棍半圈收于身体右侧；同时，右腿屈膝前弓成骑龙步；目视左前方。

动作要点：扫棍时棍身不得远离身体；力达棍梢。

骑龙步 008

传统术语：老汉犁田。

现代术语：骑龙步下戳棍。

源流：洪拳单头棍第二式。

技法：戳。

动作过程： 右脚、左脚依次上步，随即身体向右后方转身180°，右脚顺势上步，右腿屈膝前弓成骑龙步；同时，双手握棍使棍梢随转体环绕一圈，顺势向身体前下方戳棍，右臂伸直，左手握棍置于右胸前；目视棍梢。

动作要点： 双手握棍与身体翻转配合协调，戳棍棍梢端杵地；力达棍梢端。

骑龙步 009

传统术语：黄牛耕地。

现代术语：骑龙步盖棍。

源流：洪拳双头棍第八式。

技法：盖。

动作过程： 左腿屈膝前弓成骑龙步；同时，双手握棍使棍梢沿顺时针方向圈绕半圈，随转体顺势向身体右下方盖棍，右臂伸直，左手握棍收于左腰侧；目视棍梢。

动作要点： 圈绕棍与盖棍衔接紧密，盖棍时沉腰坐胯；力达棍梢。

骑龙步 010
传统术语：牛角封喉。
现代术语：骑龙步挑把。
源流：洪拳六壬九龙棍第四十一式。
技法：挑。

动作过程： 右脚上步，右腿屈膝前弓成骑龙步；同时，双手握棍使棍把由两胯下方随转体向身体左侧挑把，左臂屈肘，右手握棍置于右肩侧；目视棍把。

动作要点： 挑把与转体配合协调，挑把时沉腰坐胯；力达棍把。

骑龙步 011
传统术语：美女绞花。
现代术语：骑龙步绞棍。
源流：洪拳双头棍第六式。
技法：绞。

动作过程：右脚提起后顺势落步，右腿屈膝前弓成骑龙步；同时，双手握棍使棍梢沿顺时针方向绞棍一圈，右臂伸直，左手握棍收于左腰侧；目视棍梢。
动作要点：绞棍圈绕不宜过大；力达棍梢。

骑龙步 012

传统术语：老汉撑船。

现代术语：骑龙步下拨棍。

源流：洪拳双头棍第二十一式。

技法：拨。

动作过程： 左腿屈膝前弓成骑龙步；同时，双手握棍使棍梢由右上随转体向身体右下方拨棍，右臂屈肘，左手握棍置于左肩上；目视棍梢。

动作要点： 拨棍与骑龙步发力一致；力达棍梢。

骑龙步 013

传统术语：棍首横击。

现代术语：骑龙步推棍。

源流：洪拳单头棍第十五式。

技法：推。

动作过程： 左脚向左横跨步，左腿屈膝前弓成骑龙步；同时，双手握棍使棍身由右随转体向身体前方推棍，双臂微屈；目视棍梢。

动作要点： 推棍时右手腕贴紧棍身，手心向前；力达棍身。

骑龙步 014

传统术语：横劈一棍。

现代术语：骑龙步击棍。

源流：蔡李佛拳五郎八卦棍第十九式。

技法：击。

动作过程： 左脚上步，左腿屈膝前弓成骑龙步；同时，双手握棍使棍梢由右后随转体向身体右侧击棍，双臂屈肘，左手握棍贴紧左胸部；目视棍梢。

动作要点： 骑龙步与击棍配合协调；力达棍梢。

1.6 马步

马步 001
传统术语：顺水推舟。
现代术语：马步推棍。
源流：洪拳单头棍第二十四式。
技法：推。

动作过程： 双腿屈膝成马步；同时，双手握棍使棍梢由右后随转体向身体前方推棍，双臂微屈；目视棍梢。

动作要点： 推棍时右手腕贴紧棍身，手心向前，沉腰坐胯；力达棍梢。

马步 002

传统术语：大展黄旗。

现代术语：马步挂棍。

源流：蔡李佛拳五郎八卦棍第五式。

技法：挂。

动作过程： 右脚拖步回撤，随即右脚向前上步，双腿屈膝成马步；同时，双手握棍使棍梢由右向左平扫棍，顺势由左经上向身体右侧挂棍，左臂微屈，右手握棍按压于右大腿上；目视右前方。

动作要点： 动作转换连贯流畅，挂棍时沉腰坐胯；力达棍梢。

马步 003

传统术语：泰山压顶。

现代术语：马步压棍。

源流：蔡李佛拳五郎八卦棍第三十五式。

技法：压。

动作过程：右脚向右横跨步，双腿屈膝成马步；同时，双手握棍使棍梢由右后下方经上向身体前方压棍，右臂伸直，左手握棍收于左腰侧；目视前方。

动作要点：压棍时沉腰坐胯；力达棍梢。

马步 004

传统术语：蟒吐长虹。

现代术语：马步戳棍。

源流：李家拳五尖棍第十二式。

技法：戳。

动作过程： 右脚向右上步，随即左脚跟步，双腿屈膝成马步；同时，双手握棍回拉至左侧，随即左手握棍向棍梢方向滑动，双手握棍顺势使棍梢向身体右侧戳棍，左前臂屈肘置于胸前，右臂伸直；目视棍梢。

动作要点： 左手握棍滑动后迅速向身体右侧戳棍，左前臂贴紧胸部；力达棍梢端。

马步 005
传统术语：卞庄刺豹。
现代术语：马步戳棍。
源流：洪拳双头棍第十九式。
技法：戳。

动作过程： 双腿屈膝成马步；同时，双手握棍使棍梢由左向身体右侧戳棍，右臂伸直，左手握棍置于右腋下；目视右前方。

动作要点： 戳棍时沉气实腹；力达棍梢端。

马步 006

传统术语：金鸡啄米。

现代术语：马步点拨棍。

源流：洪拳单头棍第三十六式。

技法：点、拨。

动作过程：左脚经右脚后插步，随即右脚向前上步，双腿屈膝成马步；同时，双手握棍使棍梢向右点棍，随即向左拨棍，棍梢端触地，右臂伸直，左手握棍置于右腋下；目视棍梢。

动作要点：向右点棍时右臂外旋，向左拨棍时右臂内旋，点棍与拨棍衔接紧密；点棍力达棍梢端，拨棍力达棍梢。

马步 007

传统术语：观音献花。

现代术语：马步架棍。

源流：李家教拳十八虎桩棍第五式。

技法：架。

动作过程： 双腿屈膝成马步；同时，双手握棍使棍身由下向上架棍，双臂伸直；目视棍身。

动作要点： 上架棍时双臂发力一致；力达棍身。

马步 008

传统术语：秋风扫落叶。

现代术语：马步平抡棍。

源流：李家教拳十八虎桩棍第二十七式。

技法：抡。

动作过程： 左脚向后撤步，随即双腿屈膝成马步；同时，右手握棍使棍身在头顶上方沿顺时针方向抡棍一圈，顺势换左手握棍背棍于左肩上，随即右手变虎爪向前做抓面爪；目视前方。

动作要点： 动作转换配合协调；力达棍身。

马步 009

传统术语：浪里淘沙。

现代术语：马步挑把。

源流：洪拳双夹单棍第八式。

技法：挑。

动作过程： 双腿屈膝成马步；同时，双手握棍使棍梢沿逆时针方向立圆圈绕一圈，顺势向身体左侧挑把，双臂屈肘，右手握棍置于右胸前；目视棍把。

动作要点： 马步与挑把发力一致；力达棍把。

马步 010

传统术语：横劈华山。

现代术语：马步横击棍。

源流：洪拳双夹单棍第三十五式。

技法：击。

动作过程：（1）双手握棍于胸前；右脚、左脚依次上步。

（2）身体向右转180°，随即右脚向前上步，双腿屈膝成马步；同时，双手握棍使棍身在头顶上方沿顺时针方向云棍一圈，顺势使棍梢向身体右侧横击棍，右臂伸直，左手握棍置于右上臂下方；目视右前方。

动作要点：云棍与横击棍衔接紧密，马步与横击棍发力一致；力达棍梢。

1.7 半马步

半马步 001
传统术语：烂筒藏蛇。
现代术语：半马步拨棍。
源流：洪拳单头棍第五式。
技法：拨。

动作过程： 左脚上步，双腿屈膝成半马步；同时，双手握棍使棍梢由左上向身体右侧下方拨棍，双臂屈肘，右手握棍收于右腰间；目视左前方。
动作要点： 拨棍时沉气实腹；力达棍梢。

半马步 002

传统术语：拨叶寻花。

现代术语：半马步拨棍。

源流：洪拳单头棍第十一式。

技法：拨。

动作过程：左脚、右脚依次上步，随即双腿屈膝成半马步；同时，双手握棍使棍梢沿逆时针方向圈绕约半圈，顺势向身体右侧拨棍，右前臂屈肘贴紧棍身，左手握棍收于左腰侧；目视棍梢。

动作要点：拨棍时腰部猛然抖动；力达棍梢。

半马步 003
传统术语：天边射日。
现代术语：半马步戳棍。
源流：李家拳五尖棍第二十五式。
技法：戳。

动作过程： 右脚上步，左脚拖步，随即双腿屈膝成半马步；同时，双手握棍使棍梢由下向身体右侧上方戳棍，右臂屈肘贴紧棍身，左手握棍置于腹部；目视棍梢。

动作要点： 戳棍时沉气实腹；力达棍梢端。

半马步 004

传统术语：童子抱琴。

现代术语：半马步挑棍。

源流：南枝拳三脚虎棍第二十六式。

技法：挑。

动作过程： 左脚、右脚依次向前上步，随即双腿屈膝成半马步；同时，双手握棍使棍梢经身体右侧沿逆时针方向圈绕一圈，随转体顺势向身体右侧挑棍，右臂屈肘，左手握棍收于左腰侧；目视棍梢。

动作要点： 挑棍时拧腰转胯；力达棍梢。

半马步 005
传统术语：回马枪。
现代术语：半马步戳把。
源流：洪拳双头棍第四十一式。
技法：戳。

动作过程： 双腿屈膝成半马步；同时，左手向棍梢方向滑动，双手握棍顺势使棍把由右向左戳把，双臂屈肘；目视左前方。

动作要点： 戳棍时沉气实腹；力达棍把端。

半马步 006

传统术语：牛角封喉。

现代术语：半马步弹棍。

源流：洪拳单头棍第四十一式。

技法：弹。

动作过程： 双腿屈膝成半马步；同时，双手握棍使棍梢由右向身体左前方弹棍，右臂伸直，左手握棍收于左腰侧；目视棍梢。

动作要点： 弹棍时右手腕部贴紧棍身；力达棍梢端。

半马步 007

传统术语：将军摇旗。

现代术语：半马步绞棍。

源流：洪拳六壬九龙棍第十一式。

技法：绞。

动作过程： 双腿屈膝成半马步；同时，双手握棍使棍梢沿逆时针方向绞棍一圈，右臂微屈，左手握棍置于右胸前；目视棍梢。

动作要点： 绞棍环绕不宜过大；力达棍梢。

1.8 跪步

跪步 001

传统术语：翻江倒海。

现代术语：跪步云拨棍。

源流：洪拳双头棍第二十八式。

技法：拨。

动作过程： 双脚同时蹬地跳起，左脚、右脚依次落地，随即双腿屈膝成跪步；同时，双手握棍使棍身在头顶上方沿顺时针方向云棍一圈，顺势向身体右侧拨棍，右臂微屈，左手握棍置于右前臂下；目视前方。

动作要点： 跪步与云拨棍配合协调；力达棍身。

跪步 002

传统术语：盘龙冲天。

现代术语：跪步格棍。

源流：洪拳十八连棍第三式。

技法：格。

动作过程： 右脚向右横跨步，随即双腿屈膝成跪步；同时，双手握棍由左随转体向身体前方格棍，右臂屈肘贴紧棍身，左手握棍置于右小腿内侧；目视前方。

动作要点： 格棍时右臂内旋，左臂外旋；力达棍身。

跪步 003
传统术语：狮子开口。
现代术语：跪步摔棍。
源流：洪拳双夹单棍第十七式。
技法：摔。

动作过程：双脚蹬地向右转体跳起，落地后屈膝成跪步；同时，双手握棍使棍身在头顶上方沿顺时针方向云棍半圈，顺势使棍身由上向身体前下方摔棍，双臂伸直；目视棍身。
动作要点：摔棍时右手腕部按压棍身；力达棍身。

1.9 高虚步

高虚步 001

传统术语：银龙返照。

现代术语：高虚步挑棍。

源流：洪拳单头棍第十三式。

技法：挑。

动作过程： 右脚、左脚依次向前上步，左脚尖点地成左高虚步；同时，双手握棍使棍梢由右经下随转体向身体前方挑棍，右臂屈肘，左手握棍收于左腰侧；目视棍梢。

动作要点： 挑棍时沉腰坐胯；力达棍梢。

高虚步 002
传统术语：美人撑舟。
现代术语：高虚步拨棍。
源流：洪拳单头棍第十六式。
技法：拨。

动作过程： 左脚、右脚依次向前上步，右脚尖点地成右高虚步；同时，双手握棍使棍梢由左上向身体右下方拨棍，双臂微屈；目视棍梢。
动作要点： 拨棍时腰部猛然抖动；力达棍梢。

高虚步 003
传统术语：拨草寻蛇。
现代术语：高虚步拨棍。
源流：李家教拳十八虎桩棍第三十五式。
技法：拨。

动作过程： 左脚向前上步，随即右脚向前上步，右脚尖点地成右高虚步；同时，双手握棍使棍身在头顶上方沿顺时针方向云棍一圈，顺势使棍梢向身体前下方拨棍，右臂伸直，左手握棍置于右臂下；目视棍梢。

动作要点： 高虚步与云拨棍配合协调；力达棍梢。

高虚步 004

传统术语：鸦口含柴。

现代术语：高虚步拦棍。

源流：莫家拳落地棍第二十六式。

技法：拦。

动作过程： 右脚、左脚依次蹬地跳起后落地，左脚尖点地成左高虚步；同时，双手握棍使棍身由下向上拦棍，随即由上向下拦棍，双臂微屈；目视棍身。

动作要点： 上下拦棍连贯流畅，配合协调；力达棍身。

高虚步 005

传统术语：蜻蜓点水。

现代术语：高虚步下戳棍。

源流：李家拳五尖棍第十八式。

技法：戳。

动作过程：左脚向前上步，随即右脚向前上步，右脚尖点地成右高虚步；同时，双手握棍使棍梢沿逆时针方向圈绕一圈，顺势使棍梢向身体前下方戳棍，右臂屈肘，左手握棍置于左肩上；目视棍梢。

动作要点：戳棍时沉腰坐胯；力达棍梢端。

高虚步 006

传统术语：玉女吹箫。

现代术语：高虚步回抽棍。

源流：洪拳双头棍第九式。

技法：抽。

动作过程：（1）双腿屈膝成马步；同时，双手握棍使棍梢由左向身体右侧戳棍，右臂伸直；目视右前方。

（2）左脚向左横跨步，右脚尖点地成右高虚步；同时，双手握棍使棍身向身体左侧抽棍，右臂屈肘；目视右前方。

动作要点：抽棍时沉腰坐胯，棍身高与肩平；力达棍身。

高虚步 007

传统术语：秋雁望月。

现代术语：高虚步上拨棍。

源流：李家拳五尖棍第七式。

技法：拨。

动作过程： 左脚、右脚依次向前上步，右脚尖点地成右高虚步；同时，双手握棍使棍梢沿逆时针方向圈绕一圈，顺势向身体右侧拨棍，棍梢高于棍把，双臂屈肘；目视棍梢。

动作要点： 拨棍时沉腰坐胯；力达棍梢。

高虚步 008

传统术语：玉女缠丝。

现代术语：高虚步拨棍。

源流：洪拳单头棍第二十四式。

技法：拨。

动作过程：左脚提起后顺势落步，右脚尖点地成右高虚步；同时，双手握棍使棍梢沿逆时针方向圈绕半圈，顺势向右拨棍，右臂屈肘，左手握棍置于左腰侧；目视棍梢。

动作要点：拨棍幅度不宜过大，拨棍时右前臂贴紧棍身，沉腰坐胯；力达棍梢。

高虚步 009

传统术语：仙人探路。

现代术语：高虚步拨棍。

源流：洪拳单头棍第三十三式。

技法：拨。

动作过程： 左脚提起后顺势落步，右脚尖点地成右高虚步；同时，双手握棍使棍梢沿逆时针方向圈绕一圈，顺势向左拨棍，双臂屈肘，左手握棍置于左肩上；目视棍梢。

动作要点： 拨棍时腰部猛然抖动；力达棍梢。

高虚步 010

传统术语：横风扫地。

现代术语：高虚步下拨棍。

源流：洪拳单头棍第四十一式。

技法：拨。

动作过程： 右脚提起后顺势落步，左脚向前上步，左脚尖点地成左高虚步；同时，双手握棍使棍梢由右上向身体左下方拨棍，右臂微屈，左手握棍置于左肩上；目视棍梢。

动作要点： 拨棍时双臂、双腕合力相夹；力达棍梢。

高虚步 011

传统术语：迎面一击。

现代术语：高虚步击棍。

源流：洪拳双头棍第二十九式。

技法：击。

动作过程： 左脚向前上步，左脚尖点地成左高虚步；同时，双手握棍使棍梢由右下随转体向身体左上方击棍，右臂伸直，左手握棍收于左腰侧；目视棍梢。

动作要点： 击棍时拧腰转胯；力达棍梢。

1.10 坐盘

坐盘 001
传统术语：观音坐莲。
现代术语：坐盘戳棍。
源流：李家拳五尖棍第十六式。
技法：戳。

动作过程： 右脚经左脚后插步，随即双腿交叉臀部着地成坐盘；同时，双手握棍使棍梢随转体由上经下向身体前上方戳棍，双臂屈肘，双手握棍置于胸前；目视棍梢。
动作要点： 插步与坐盘衔接紧密，上体稍前倾；力达棍梢端。

1.11 并步

并步 001
传统术语：黑虎扑食。
现代术语：并步戳棍。
源流：洪拳单头棍第四十七式。
技法：戳。

动作过程： 左脚提起向右脚内侧震脚并步，双腿屈膝；同时，双手握棍使棍梢随转体向身体前方戳棍，双臂屈肘，双手握棍置于胸前；目视前方。

动作要点： 震脚与戳棍发力一致；力达棍梢端。

并步 002

传统术语：懒汉担柴。

现代术语：并步挑棍。

源流：洪拳海底藏针棍第三式。

技法：挑。

动作过程： 右脚向右跨步，随即左脚向右脚内侧并步，双腿屈膝；同时，双手握棍使棍梢由左向右上挑后顺势使棍身背于右肩上，双臂屈肘；目视左前方。

动作要点： 挑棍后使棍身迅速背至右肩上；力达棍梢。

并步 003

传统术语：力推山门。

现代术语：并步立推棍。

源流：洪拳双头棍第一式。

技法：推。

动作过程： 双腿并立屈膝下蹲后顺势蹬直；同时，右手握棍向体前带棍，左手顺势握棍于右手下方，随即双手握棍向身体前方立推棍，双臂微屈；目视前方。

动作要点： 立推棍与双腿蹬直发力一致；力达棍身。

并步 004

传统术语：滴水遮拦。

现代术语：并步托棍。

源流：蔡李佛拳五郎八卦棍第三十八式。

技法：托。

动作过程： 右脚提起后下落至左脚内侧震脚并步，双腿屈膝；同时，双手握棍使棍身由左向头顶右上方托棍，双臂屈肘，目视棍梢。

动作要点： 托棍与震脚发力一致；力达棍身。

1.12 钳羊马

钳羊马 001

传统术语：枪棍。

现代术语：钳羊马标棍。

源流：咏春拳六点半棍第四式。

技法：戳。

动作过程：双脚分开，脚尖稍内扣，双腿屈膝成钳羊马；同时，双手握棍使棍梢由左向身体右侧戳棍，右臂伸直，左手握棍置于右腋下；目视棍梢。

动作要点：戳棍时腰部猛然抖动；力达棍梢端。

钳羊马 002
传统术语：刹棍。
现代术语：钳羊马刹棍。
源流：咏春拳六点半棍第五式。
技法：压。

动作过程： 双脚分开，脚尖稍内扣，双腿屈膝成钳羊马；同时，双手握棍使棍身由上向下压棍至两大腿上，双臂微屈；目视右前方。

动作要点： 压棍时沉气实腹，发力短促；力达棍身。

钳羊马 003

传统术语：拦棍。

现代术语：钳羊马拦棍。

源流：咏春拳六点半棍第六式。

技法：拦。

动作过程： 左脚向左后撤步，双腿屈膝成钳羊马；同时，双手握棍使棍梢随转体向身体右侧拦棍，双臂屈肘；目视右前方。

动作要点： 转体与拦棍发力一致；力达棍梢。

1.13 独立步

独立步 001

传统术语：倒转乾坤。

现代术语：独立步拄棍。

源流：蔡李佛拳五郎八卦棍第三十九式。

技法：拄。

动作过程： 左腿微屈支撑，右腿提膝成独立步；同时，双手握棍使棍梢由左经上向身体右下方拄棍，棍梢端触地，左臂屈肘，右手握棍置于右腿外侧；目视右前方。

动作要点： 左支撑脚五趾抓地，提膝脚脚面绷直内扣，提膝与拄棍配合协调；力达棍梢端。

独立步 002

传统术语：太公钓鱼。

现代术语：独立步点棍。

源流：洪拳单头棍第四十四式。

技法：点。

动作过程： 右腿微屈支撑，左腿提膝成独立步；同时，双手握棍使棍梢沿顺时针方向圈绕半圈后顺势向身体前方点棍，右臂伸直，左手握棍置于右腋下；目视前方。

动作要点： 右支撑脚五趾抓地，提膝脚脚面绷直内扣，圈绕棍幅度不宜过大；力达棍梢端。

独立步 003

传统术语：泰山压顶。

现代术语：独立步盖把。

源流：蔡李佛拳五郎八卦棍第二十六式。

技法：盖。

动作过程： 右脚提起后顺势下落震脚，左腿提膝成独立步；同时，双手握棍使棍把由右后经上向身体左下方盖把，右臂屈肘，左手握棍收于左腰侧；目视棍把。

动作要点： 右支撑脚五趾抓地，提膝脚脚面绷直内扣，盖把时上体稍前倾；力达棍把。

独立步 004
传统术语：金鸡独立。
现代术语：独立步压棍。
源流：洪拳单头棍第三十一式。
技法：压。

动作过程：右腿微屈支撑，左腿提膝成独立步；同时，双手握棍使棍梢由右上随转体向身体前下方压棍，右臂伸直，左手握棍收于左腰侧；目视棍梢。

动作要点：右支撑脚五趾抓地，提膝脚脚面绷直内扣，压棍时上体稍前倾；力达棍梢。

独立步 005

传统术语：挑灯望月。

现代术语：独立步挑棍。

源流：洪拳单头棍第四十七式。

技法：挑。

动作过程： 右脚向前上步，左腿提膝成独立步；同时，双手握棍使棍梢由右上经下向身体前上方挑棍，右臂屈肘，左手握棍收于左腰侧；目视棍梢。

动作要点： 右支撑脚五趾抓地，提膝脚脚面绷直内扣，挑棍时拧腰锁胯；力达棍梢。

独立步 006
传统术语：背花藏棍。
现代术语：独立步背棍。
源流：洪拳双头棍第二十五式。
技法：背。

动作过程： 右脚向前上步，左腿提膝成独立步；同时，右手握棍使棍身在头顶上方抡棍一圈半，顺势背棍，随即左手变虎爪向身体左侧做抓面爪；目视左前方。

动作要点： 右支撑脚五趾抓地，提膝脚脚面绷直内扣，抡棍与背棍衔接紧密；力达棍身与爪指。

独立步 007

传统术语：上拦天斩。

现代术语：独立步上推棍。

源流：蔡家拳蔡家棍第十五式。

技法：推。

动作过程： 右脚提起后顺势落步震脚，左腿提膝成独立步；同时，双手握棍使棍梢经身体右侧沿逆时针方向圈绕半圈后，顺势向头顶上方推棍，双臂微屈；目视棍梢。

动作要点： 右支撑脚五趾抓地，提膝脚脚面绷直内扣，双臂同时向上推棍；力达棍身。

独立步 008

传统术语：侧身一拦。

现代术语：独立步格棍。

源流：蔡李佛拳五郎八卦棍第四十五式。

技法：格。

动作过程： 左腿微屈支撑，右腿提膝成独立步；同时，双手握棍使棍身由右向左胸前格棍，双臂屈肘，棍梢向下；目视右前方。

动作要点： 右支撑脚五趾抓地，提膝脚脚面绷直内扣，提膝腿与格棍发力一致；力达棍身。

独立步 009

传统术语：周公提刀。

现代术语：独立步抱棍。

源流：洪拳单头棍第五式。

技法：抱。

动作过程：右脚向右横跨步震脚，左腿提膝成独立步；同时，双手握棍使棍梢沿顺时针方向圈绕一圈，顺势抱棍于身体右侧，右臂屈肘，左手握棍收于右腰侧；目视左前方。

动作要点：右支撑脚五趾抓地，提膝脚脚面绷直内扣，抱棍时拧腰锁胯；力达棍身。

独立步 010

传统术语：暗棍出枪。

现代术语：独立步戳把。

源流：洪拳双头棍第三十九式。

技法：戳。

动作过程： 右腿微屈支撑，左腿提膝成独立步；同时，双手握棍使棍把由右向身体左侧戳把，双臂屈肘，右手握棍置于胸前；目视左前方。

动作要点： 右支撑脚五趾抓地，提膝脚脚面绷直内扣，戳把时拧腰锁胯；力达棍把端。

独立步 011

传统术语：懒佬担沙。

现代术语：独立步抛棍。

源流：洪拳单头棍第二十八式。

技法：抛。

动作过程： 右脚向前上步，左腿提膝成独立步；同时，双手握棍使棍梢经身体右侧沿逆时针方向圈绕半圈，顺势向身体前方抛棍，棍梢顺势回落，右臂屈肘，左手握棍置于左肩上；目视棍梢。

动作要点： 右支撑脚五趾抓地，提膝脚脚面绷直内扣，抛棍时左手握棍迅疾下拽，腰部猛然抖动，右手食指伸直贴紧棍身；力达棍梢。

独立步 012

传统术语：美女撑舟。

现代术语：独立步拨棍。

源流：洪拳双夹单棍第十一式。

技法：拨。

动作过程：左脚向左横跨步，右腿提膝成独立步；同时，双手握棍使棍梢由左上经体前向身体右下方拨棍，双臂屈肘；目视棍梢。

动作要点：左支撑脚五趾抓地，提膝脚脚面绷直内扣，拨棍时拧腰锁胯；力达棍梢。

1.14 拐步

拐步 001
传统术语：玉龙摆尾。
现代术语：拐步下拨棍。
源流：洪拳双头棍第三十六式。
技法：拨。

动作过程： 右脚经左脚前上步，左脚跟提起成右拐步；同时，双手握棍使棍梢由左随转体向身体右下方拨棍，双臂屈肘；目视棍梢。

动作要点： 拐步与拨棍发力一致，拐步时左小腿水平；力达棍梢。

拐步 002

传统术语：拉弓射虎。

现代术语：拐步抽棍。

源流：洪拳双头棍第十四式。

技法：抽。

动作过程： 左脚经右脚前上步，右脚跟提起成左拐步；同时，双手握棍使棍身由右向身体左侧抽棍，左臂微屈，右手握棍置于左胸前；目视右前方。

动作要点： 抽棍时拧腰锁胯，拐步时右小腿水平；力达棍身。

2 步法

2.1 麒麟步

麒麟步 001

传统术语：滴水遮拦。

现代术语：麒麟步云拨棍。

源流：蔡李佛拳五郎八卦棍第三十六式。

技法：云、拨。

动作过程：（1）右脚经左脚前盖步，随即左脚经右脚前盖步；身体连续右转；双手握棍使棍身在头顶上方沿顺时针方向云棍一圈；目随视棍梢。

（2）右脚顺势上步，双腿屈膝成马步；双手握棍使棍梢由左向身体右下方拨棍；右臂伸直，左手握棍置于右腋下；目随棍梢。

动作要点：麒麟步与云拨棍配合协调，麒麟步过程中右脚、左脚连续交叉盖步连贯流畅；力达棍梢。

麒麟步 002

传统术语：太公撑船。

现代术语：麒麟步杵把。

源流：李家教拳十八虎桩棍第三十八式。

技法：杵。

动作过程：（1）身体左转，左脚经右脚前盖步；同时，双手握棍使棍把由右上向身体左下方杵把，双臂屈肘；目视棍把。

（2）身体右转，右脚经左脚前盖步；同时，双手握棍使棍把由左向身体右下方杵把，双臂屈肘；目视棍把。

动作要点：麒麟步与杵把配合协调，麒麟步过程中右脚、左脚连续交叉盖步连贯流畅；力达棍把端。

麒麟步 003

传统术语：风卷大旗。

现代术语：麒麟步云拨棍。

源流：李家教拳十八虎桩棍第二十四式。

技法：云、拨。

动作过程：（1）左脚经右脚前盖步，右脚经左脚前盖步；身体连续左转；同时，双手握棍使棍身在头顶上方沿逆时针方向云拨棍一圈；目随视棍梢。

（2）左脚顺势上步，双腿屈膝成马步；同时，双手握棍使棍身置于身体右侧，左臂屈肘，右手握棍收于右腰侧；目视左前方。

动作要点：麒麟步与云拨棍配合协调，麒麟步过程中左脚、右脚连续交叉盖步连贯流畅；力达棍梢。

麒麟步 004
传统术语：扫经寻梅。
现代术语：麒麟步下拨棍。
源流：洪拳双头棍第四十六式。
技法：拨。

动作过程：（1）左脚经右脚前盖步，随即右脚经左脚前盖步；同时双手握棍使棍梢沿顺时针圈绕一圈，顺势向身体右下方拨棍；目随视棍梢。

（2）左脚顺势上步，双腿屈膝成马步；同时，双手握棍使棍身置于身体右侧，左臂屈肘，右手握棍收于右腰侧；目视左前方。

动作要点：拨棍拧腰转胯，麒麟步过程左脚、右脚连续交叉盖步连贯流畅；力达棍梢。

2.2 退步

退步 001

传统术语：金鸡啄米。

现代术语：退步点棍。

源流：蔡家拳蔡家棍第十七式。

技法：点。

动作过程：（1）左脚向左横跨步，随即双腿屈膝成马步；同时，双手握棍使棍梢由左向身体右下方戳棍，右臂伸直，左手握棍置于右腋下；目视棍梢。

（2）右脚经左脚后退步；同时，双手握棍使棍梢向身体右下方点棍，随即向身体左侧点棍，双臂屈肘；目随视棍梢。

动作要点：右侧点棍时右前臂外旋，左侧点棍时右前臂内旋，动作衔接紧密，圈绕棍不宜过大；力达棍梢端。

2.3 上步

上步 001

传统术语：刀劈华山。

现代术语：上步劈棍。

源流：李家拳五尖棍第二十七式。

技法：劈。

动作过程：（1）左脚向前上步，随即右脚跟步，在左脚内侧脚掌点地；同时，双手握棍使棍梢由上经身体右侧随转体向下拨棍，双臂屈肘；目视前方。

（2）右脚向前上步，双腿屈膝成马步；同时，双手握棍使棍梢由右后下经上随转体向身体右下方劈棍，双臂屈肘，右手握棍置于右大腿上；目视右前方。

动作要点：上步拨棍与马步劈棍衔接紧密，劈棍时拧腰转胯；力达棍梢。

上步 002

传统术语：雄鸡啄粟。

现代术语：上步点棍。

源流：李家教拳十八虎桩棍第三十七式。

技法：点。

动作过程：（1）右脚向前上步；同时，双手握棍使棍梢由右向左点棍，右臂微屈，左手握棍置于胸前；目视棍梢。

（2）左脚经右脚后插步；同时，双手握棍使棍梢由左向右点棍，双臂微屈；目视棍梢。

（3）右脚向前上步，双腿屈膝成马步；同时，双手握棍使棍梢由右向左点棍，右臂伸直，左手握棍置于胸前；目视棍梢。

动作要点：步法与连续点棍配合协调；右前臂连续旋转连贯流畅；力达棍梢端。

上步 003

传统术语：猛虎出洞。

现代术语：上步戳棍。

源流：蔡李佛拳五郎八卦棍第十九式。

技法：戳。

动作过程： 右脚向前上步，随即左脚拖步；同时，双手握棍使棍身向左回拉，随即左手握棍向棍梢方向滑动，双手握棍顺势由左向身体右侧戳棍，右臂伸直，左臂屈肘置于胸前；目视右前方。

动作要点： 上步、拖步衔接紧密，戳棍发力短促；力达棍梢端。

上步 004
传统术语：浪子行船。
现代术语：上步击棍。
源流：洪拳双头棍第十六式。
技法：击。

动作过程： 左脚向前上步，随即右脚拖步；同时，双手握棍使棍梢由右随转体向身体右侧击棍，右臂屈肘，左手握棍置于胸前；目视右前方。

动作要点： 击棍与拧腰转胯发力一致；力达棍梢。

上步 005

传统术语：风火车轮。

现代术语：上步挑把。

源流：李家教拳十八虎桩棍第二十九式。

技法：挑。

动作过程：右脚、左脚依次向前上步，随即双腿屈膝成马步；同时，左手握棍向棍梢方向滑动，双手握棍顺势使棍把由左下随转体向身体前方挑把，左臂屈肘，右手握棍收于右腰侧；目视左前方。

动作要点：挑把与拧腰转胯发力一致；力达棍把。

上步 006
传统术语：拨草寻蛇。
现代术语：上步扫棍。
源流：洪拳双头棍第八式。
技法：扫。

动作过程：（1）右脚向前上步，随即左脚脚跟提起拖步；同时，双手握棍使棍梢由左上向右下扫棍，右臂微屈，左手握棍置于右小腿内侧；目视棍梢。

（2）左脚向前上步，随即右脚脚跟提起拖步；同时，双手握棍使棍梢由右向左扫棍，右臂微屈，左手握棍置于左小腿外侧；目视棍梢。

动作要点：步法与扫棍配合协调，扫棍时棍身在膝关节下，棍身水平；力达棍梢。

上步 007

传统术语：拨水求鱼。

现代术语：上步绞棍。

源流：洪拳单头棍第三十五式。

技法：绞。

动作过程： 左脚经右脚前盖步，随即右脚向前上步；同时，双手握棍使棍梢沿逆时针方向连续绞棍两圈，双臂屈肘；目视棍梢。

动作要点： 上步与绞棍配合协调，绞圈不宜过大；力达棍梢。

上步 008

传统术语：朝天一炷香。

现代术语：上步左右格棍。

源流：洪拳双头棍第四十三式。

技法：格。

动作过程：（1）左脚向前上步，随即右脚脚跟提起拖步；同时，双手握棍使棍身由右向身体左侧格棍，棍把向上，双臂微屈；目视棍身。

（2）右脚向前上步，随即左脚脚跟提起拖步；同时，双手握棍使棍身由左向身体右侧格棍，棍把向下，双臂微屈；目视棍身。

动作要点：连续上步与左右格棍配合协调；力达棍身。

上步 009

传统术语：扫地风棍。

现代术语：上步舞花棍。

源流：蔡李佛拳五郎八卦棍第五十一式。

技法：舞花棍。

动作过程：（1）右腿微屈支撑，左腿提膝；同时，双手握棍使棍身由右后经上向身体左侧舞花约一圈半，双臂屈肘；目随视棍梢。

（2）左脚落步，随即右脚上步；同时，双手握棍使棍身由右上随转体向身体右侧舞花半圈，双臂屈肘，左手上下滑动；目视棍梢。

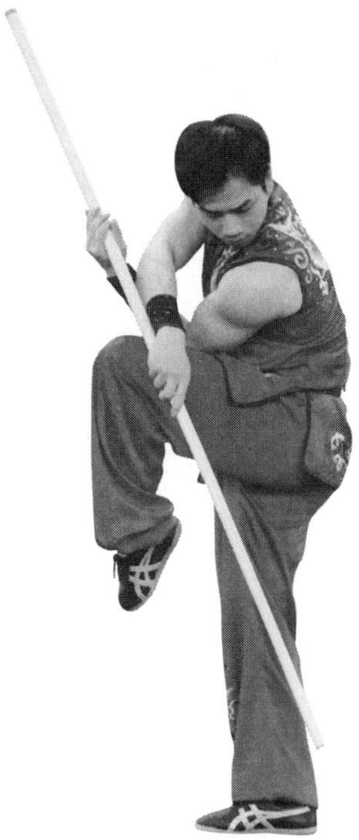

动作要点：上步与舞花棍配合协调，舞花棍时棍身贴靠身体左右侧；力达棍身。

2.4 插步

插步 001

传统术语：颠猿饮涧。

现代术语：插步戳棍。

源流：蔡李佛拳五郎八卦棍第二十七式。

技法：戳。

动作过程： 右脚向右前上步，随即左脚经右脚后插成插步；同时，双手握棍使棍梢由左向身体前上方戳棍，双臂屈肘，双手握棍置于胸前；目视棍梢。

动作要点： 左脚插步与戳棍发力一致，拧腰锁胯；力达棍梢端。

插步 002

传统术语：船工摇橹。

现代术语：插步拨棍。

源流：洪拳单头棍第十三式。

技法：拨。

动作过程：右脚向右前上步，随即左脚经右脚后插成插步；同时，双手握棍使棍梢沿顺时针方向圈绕一圈，顺势向身体右下方拨棍，双臂屈肘；目视棍梢。

动作要点：插步与拨棍发力一致，拧腰锁胯；力达棍梢。

插步 003

传统术语：拨云挡月。

现代术语：插步格棍。

源流：洪拳双头棍第二十八式。

技法：格。

动作过程：左脚向左前上步，随即右脚经左脚后插成插步；同时，双手握棍使棍身由右向身体左侧格棍，棍梢向下，双臂屈肘；目视左前方。

动作要点：插步与格棍发力一致，拧腰锁胯；力达棍身。

插步 004

传统术语：背后出宝。

现代术语：插步锉棍。

源流：洪拳双夹单棍第三十二式。

技法：锉。

动作过程： 左脚向左横跨步，随即右脚经左脚后插成插步；同时，双手握棍使棍把由右向身体左下方锉把，右前臂屈肘贴紧棍身，左手握棍收于左腰侧；目视左下方。

动作要点： 插步与锉把发力一致，拧腰锁胯；锉把时右臂外旋，左臂内旋；力达棍把端。

2.5 开步

开步 001

传统术语：老翁撑船。

现代术语：开步推棍。

源流：咏春拳六点半棍第二式。

技法：推。

动作过程：左脚向左前半圆滑步，随即右脚向右前半圆滑步，双腿屈膝成开步；同时，双手握棍使棍身提至胸前，顺势向身体前方推棍，双臂微屈；目视棍梢。

动作要点：推棍时右手腕贴紧棍身，右手心向前，沉腰坐胯；力达棍身。

2.6 震脚

震脚 001

传统术语：势如破竹。

现代术语：震脚压棍。

源流：蔡李佛拳五郎八卦棍第二十三式。

技法：压。

动作过程： 双脚同时蹬地跳起，随即双脚下落并步震脚；同时，双手握棍使棍身上举，顺势向身体前下方压棍，双手握棍置于双膝前，双臂伸直；目视棍梢。

动作要点： 震脚与压棍发力一致；力达棍梢。

震脚 002

传统术语：一杀。

现代术语：震脚劈棍。

源流：李家拳五尖棍第十八式。

技法：劈。

动作过程：（1）双脚并步；同时，双手握棍使棍梢由下向上挑棍。

（2）双脚同时蹬地跳起，随即双脚下落屈膝并步震脚；同时，双手握棍使棍梢由上向身体右下方劈棍，双臂屈肘，右手握棍置于右大腿上；目视右前方。

动作要点：震脚与劈棍发力一致；力达棍梢。

震脚 003
传统术语：一箭棍。
现代术语：震脚戳棍。
源流：蔡李佛拳五郎八卦棍第四十七式。
技法：戳。

动作过程： 双脚同时蹬地跳起，随即双脚下落屈膝并步震脚；同时，左手握棍向棍梢方向滑动，双手握棍顺势使棍梢由左向身体右侧戳棍，右臂伸直，左臂贴紧胸前；目视右前方。

动作要点： 震脚与戳棍发力一致，右手食指伸直按压棍身；力达棍梢端。

震脚 004

传统术语：正面遮拦。

现代术语：震脚推棍。

源流：咏春拳六点半棍第九式。

技法：推。

动作要点：左脚、右脚依次向前上步，随即双脚同时蹬地跳起，双脚落地屈膝并步震脚；同时，双手握棍使棍身回拉至胸前，顺势向身体前方推棍，双臂微屈；目视棍梢。

动作要点：震脚与推棍发力一致，推棍时右手腕贴紧棍身，右手心向前；力达棍身。

2.7 转身

转身 001
传统术语：探棍。
现代术语：转身绞棍。
源流：洪拳双头棍第三十八式。
技法：绞。

动作过程：（1）右脚随转体向右后上步，随即左脚跟步，脚跟提起；同时，双手握棍使棍梢随转体沿顺时针方向绞棍一圈，双臂微屈；目视棍梢。

（2）右脚原地踏步，左脚不动；同时，双手握棍使棍梢沿顺时针方向绞棍一圈，双臂微屈；目视棍梢。

动作要点：步法移动与绞棍配合协调；力达棍梢。

转身 002

传统术语：乌龙绞水。

现代术语：转身云拨棍。

源流：蔡李佛拳五郎八卦棍第十七式。

技法：云、拨。

动作过程： 左脚向前上步，随即右脚随身体右后转向身体右侧上步；同时，双手握棍使棍身在头顶上方沿顺时针方向云拨棍一圈，双臂屈肘交叉，棍身置于左臂外侧；目视右前方。

动作要点： 转身与云拨棍配合协调；力达棍梢。

2.8 翻身跳步

翻身跳 001
传统术语：鹞子翻身。
现代术语：翻身跳摔棍。
源流：莫家拳落地棍第十二式。
技法：摔。

动作过程：左脚、右脚依次向前上步，随即右脚蹬地腾空翻转360°，左脚落地，左腿屈膝，右小腿内侧贴地成右单蝶步；同时，双手握棍使棍身随身体翻转自然抡摆，顺势由上向身体前下方摔棍，双臂微屈；目视棍梢。

动作要点：腾空翻转时身体后仰，双腿屈膝后撩，单蝶步与摔棍配合协调；力达棍身。

2.9 侧跳步

侧跳步 001

传统术语：龙归洞藏。

现代术语：侧跳单蝶步摔棍。

源流：洪拳单头棍第十五式。

技法：摔。

动作过程：左脚向左前上步蹬地跳起，右脚顺势经左腿前侧跳步，随即右脚、左脚依次落地，左腿屈膝，右小腿内侧贴地成右单蝶步；同时，双手握棍使棍梢沿顺时针方向圈绕两圈，顺势向身体前下方摔棍，双臂微屈；目视棍梢。

动作要点：摔棍时右手腕部按压棍身；力达棍身。

2.10 转身跳步

转身跳步 001
传统术语：回身劈山。
现代术语：回身跳摔棍。
源流：洪拳单头棍第三十六式。
技法：摔。

动作过程： 左脚向前上步蹬地跳起，随即右腿随身体腾空左转180° 提起；双脚落地，左腿屈膝，右小腿内侧贴地成右单蝶步；同时，双手握棍使棍身在头顶上方随转体沿逆时针方向云棍一圈，顺势由上向身体前下方摔棍，双臂微屈；目视棍梢。

动作要点： 腾空左转体与云棍配合协调，摔棍时右手腕部按压棍身；力达棍身。

转身跳步 002

传统术语：金龙盘柱。

现代术语：转身跳云棍。

源流：洪拳单头棍第二十八式。

技法：云。

动作过程：左脚上步蹬地跳起，随即右腿随身体腾空左转体360°提起，右脚、左脚依次落地，双腿屈膝成马步；同时，双手握棍使棍身在头顶上方沿逆时针方向云棍一圈后置于身体右侧，左臂屈肘，右手握棍收于右腰侧；目视左前方。

动作要点：腾空左转体与云棍配合协调；力达棍身。

2.11 跳步

跳步 001

传统术语：龙守洞口。

现代术语：跳步推棍。

源流：洪拳单头棍第三十五式。

技法：推。

动作过程：双脚同时蹬地跳起，右腿伸直，左腿屈膝上抬；同时，双手握棍使棍身提至胸前，顺势向身体前方推棍，双臂伸直；目视棍梢。

动作要点：推棍时右手腕贴紧棍身，右手心向前；力达棍身。

跳步 002

传统术语：青龙飞天。

现代术语：跳步戳棍。

源流：李家拳五尖棍第二十九式。

技法：戳。

动作过程： 右脚蹬地跳起，左脚顺势经右脚前盖跳步，随即左脚、右脚依次落地，右脚在前；同时，双手握棍使棍梢由左向身体右侧戳棍，右臂伸直，左臂屈肘置于腹前；目视右前方。

动作要点： 戳棍时腰部猛然抖动，左前臂贴紧棍身；力达棍梢端。

2.12 盖跳步

盖跳步 001

传统术语：举火烧天。

现代术语：盖跳步上推棍。

源流：洪拳单头棍第十七式。

技法：推。

动作过程：左脚向左前上步蹬地跳起，右脚顺势经左腿前盖跳步，随即右脚、左脚依次落地；同时，双手握棍使棍梢沿顺时针方向圈绕半圈，顺势由下向上推棍，双臂伸直；目视棍梢。

动作要点：推棍须在腾空过程完成，推棍时右手腕贴紧棍身，右手心向上；力达棍身。

盖跳步 002

传统术语：犀水上天

现代术语：盖跳步抛棍。

源流：洪拳单头棍第四十一式。

技法：抛。

动作过程： 右脚蹬地跳起，左脚顺势经右腿前盖跳步，随即左脚、右脚依次落地；同时，双手握棍使棍梢沿逆时针方向圈绕半圈，顺势由下向上抛棍，棍梢顺势回落，右臂微屈，左手握棍置于左肩侧；目视右前方。

动作要点： 抛棍时左手握棍迅疾下拽，腰部猛然抖动，右手心向上，食指伸直贴紧棍身；力达棍梢。

盖跳步 003

传统术语：毒蛇吐信。

现代术语：盖跳步戳棍。

源流：洪拳双夹单棍第二十六式。

技法：戳。

动作过程： 左脚蹬地跳起，右脚经左脚前盖跳步；同时，双手握棍使棍梢沿顺时针方向圈绕一圈，顺势由左向身体右侧戳棍，右臂伸直，左手握棍置于右腋下；目视右后方。

动作要点： 戳棍须在腾空过程中完成；力达棍梢端。

2.13 盖步

盖步 001

传统术语：神龙摆尾。

现代术语：盖步拨棍。

源流：李家拳五尖棍第三十一式。

技法：拨。

动作过程：左脚经右脚前上步成左盖步；同时，双手握棍使棍梢沿逆时针方向圈绕半圈，顺势向身体右下方拨棍，右臂屈肘，左手握棍置于左肩上；目视棍梢。

动作要点：拨棍时拧腰锁胯，两大腿稍贴紧；力达棍梢。

盖步 002

传统术语：麒麟平山。

现代术语：盖步抛棍。

源流：蔡李佛拳五郎八卦棍第四十五式。

技法：抛。

动作过程： 左脚经右脚前上步成左盖步；同时，双手握棍使棍梢经身体右侧沿逆时针方向圈绕半圈，随转体顺势向身体右侧抛棍，棍梢顺势回落，右臂微屈，左手握棍置于左肩侧；目视右前方。

动作要点： 抛棍时左手握棍迅疾下拽，腰部猛然抖动；两大腿稍贴紧，力达棍梢。

盖步 003

传统术语：乞丐倚拐。

现代术语：盖步拄棍。

源流：蔡李佛拳五郎八卦棍第二十七式。

技法：拄。

动作过程： 右脚经左脚前上步成右盖步；同时，左手握棍向棍梢方向滑动，双手握棍顺势使棍梢由左经上向身体右下方拄棍，棍梢端触地，双臂屈肘；目视右前方。

动作要点： 拄棍时拧腰锁胯，两大腿稍贴紧；力达棍梢端。

盖步 004

传统术语：旋风扫叶。

现代术语：盖步云棍。

源流：蔡李佛拳五郎八卦棍第五十八式。

技法：云。

动作过程： 左脚经右脚前上步成左盖步；同时，双手握棍使棍身在头顶上方沿顺时针方向云棍一圈半，右臂伸直，左手握棍置于右臂下方；目视前方。

动作要点： 云棍与盖步配合协调，两大腿稍贴紧；力达棍身。

3 腿法

3.1 屈伸

横钉腿 001

传统术语：探海寻珠。

现代术语：横钉腿击棍。

源流：洪拳单头棍第五式。

技法：击、横钉。

动作过程：（1）左腿微屈支撑，右腿由右下向身体左侧屈伸横钉腿；同时，双手握棍使棍梢由体前向身体右下方拨棍，左臂屈肘，右手握棍置于身体右侧；目视前方。

（2）右腿向身体后方撤步，左腿屈膝成左弓步，同时，双手握棍使棍梢由右向身体前上方击棍，右臂伸直，左手握棍收于左腰侧；目视棍梢。

动作要点：横钉腿脚尖勾起，脚与胯高，发力短促；击棍力达棍梢，横钉腿力达前脚掌外沿。

弹腿 002
传统术语：分手钉槌。
现代术语：弹腿击把。
源流：洪拳双头棍第三十四式。
技法：击、弹。

动作过程： 左腿微屈支撑，右腿向身体前方屈伸弹腿后顺势提膝独立；同时，双手握棍使棍把由左向右横击把，右臂屈肘，左手握棍置于右胸前；目视前方。

动作要点： 弹腿高于胯部，发力短促；击把力达棍把，弹腿力达脚尖。

正蹬 003

传统术语：登台点兵。

现代术语：正蹬抽棍。

源流：洪拳单头棍第四十六式。

技法：抽、蹬。

动作过程： 左腿微屈支撑，右腿向身体前方蹬腿后顺势提膝独立，脚尖勾起，脚掌向前；同时，双手握棍使棍身由右向身体左侧抽棍，右手握棍置于左胯侧，左臂微屈；目视前方。

动作要点： 蹬腿与抽棍配合协调，蹬腿高于胯部；抽棍力达棍身，蹬腿力达脚掌、脚跟。

侧蹬 004
传统术语：魁星点元。
现代术语：侧蹬弹棍。
源流：洪拳海底藏针棍第九式。
技法：弹、蹬。

动作过程： 左腿微屈支撑，右腿由左脚后向身体右侧蹬腿；同时，双手握棍使棍梢沿顺时针方向圈绕半圈，顺势向身体右侧弹棍，双臂伸直；目视右前方。

动作要点： 弹棍与蹬腿发力一致，蹬腿高于胯部；弹棍力达棍梢，蹬腿力达脚掌、脚跟。

3.2 直摆

后摆腿 001

传统术语：青龙摆尾。

现代术语：后摆腿摔棍。

源流：洪拳第三十四式。

技法：摔、后摆腿。

动作过程： 右脚踏步随转体向左后蹍动，左腿顺势向左后摆腿；同时，双手握棍随转体使棍身由上向身体前下方摔棍，双臂微屈；目视棍梢。

动作要点： 后摆腿不要弯曲，脚高于肩，摔棍时右手腕部按压棍身；摔棍力达棍身，后摆腿力达脚掌与脚跟。

3.3 扫转

扫转 001

传统术语：天犬望月。

现代术语：伏地后扫腿。

源流：南少林地术拳第二十五式。

技法：摔、后扫。

动作过程：（1）左腿屈膝，右小腿内侧贴地成右单蝶步；同时，双手握棍使棍身由右后经上向身体前下方摔棍，双臂微屈；目视棍梢。

（2）右膝跪地，脚跟提起，随即左脚由左向身体右后方扫腿半圈；同时，左手撑地，右手握棍自然移动，双臂屈肘；目视右前方。

动作要点：摔棍时右手腕部按压棍身，扫转腿伸直，扫转快速有力；摔棍力达棍身，后扫腿力达脚掌。

4 跌扑

4.1 垂转

盘腿跌扑 001。
传统术语：仙人指路。
现代术语：持棍盘腿跌扑。
源流：南少林第五十八式。
技法：盘腿跌。

动作过程： 左脚、右脚依次向前上步，随即右脚蹬地腾空盘腿360° 跌扑；同时，左臂、右手握棍随转体自然抡摆，跌扑时右手握棍置于身体右上方；目视棍梢。

动作要点： 腾空转体时里合腿高于肩，跌扑时身体左侧与左前臂同时着地。

5 翻腾

5.1 额转

鲤鱼打挺 001
传统术语：鲤鱼打挺。
现代术语：鲤鱼打挺。
源流：南少林第五十九式。
技法：打挺

动作过程： 身体右转，肩背贴地，屈髋收腹，双腿自然摆直，随即双脚向前弹伸落地，身体顺势向前上跃起，双腿屈膝下蹲；同时，双手握棍随身体跃起置于双膝前，双臂屈肘；目视前下方。

动作要点： 鲤鱼打挺落地时双脚须同时着地。

6 滚翻

6.1 额转

抢背 001

传统术语：地龙穿梭。

现代术语：抢背。

源流：洪拳双头棍第四十七式。

技法：翻滚。

动作过程： 左脚向后撤步，随即右脚向前上步屈腹团身前滚翻；同时，双手握棍双臂屈肘交叉抱于腹前随滚翻动作自然翻转；身体自然立起。

动作要点： 滚翻时肩背先着地，滚翻、身体立起连贯流畅。

7 棍法

7.1 格棍

格棍 001
传统术语：黑虎拦路。
现代术语：骑龙步格棍。
源流：洪拳双头棍第五十一式。
技法：格。

动作过程： 左脚向前上步，左腿屈膝前弓成骑龙步；同时，双手握棍使棍身由上向下翻转格棍，棍把向上，双臂微屈；目视前方。

动作要点： 格棍时拧腰锁胯，棍身竖直；力达棍身。

7.2 劈棍

劈棍 001

传统术语：上马刹棍。

现代术语：弓步劈棍。

源流：洪拳单头棍第二十七式。

技法：劈。

动作过程： 左脚向前上步成左弓步；同时，双手握棍使棍梢由右上向身体前下方劈棍，右手握棍置于左大腿上，右臂屈肘，左手握棍置于身体左后方；目视前方。

动作要点： 劈棍时由上向下斜击，沉腰坐胯；力达棍梢。

劈棍 002

传统术语：雄鸡啄粟。

现代术语：弓步劈棍。

源流：南枝拳三脚虎棍第十八式。

技法：劈。

动作过程：左脚向前上步成左弓步；同时，双手握棍使棍梢由右后向身体前下方劈棍，右臂伸直，左手握棍置于身体左侧；目视前方。

动作要点：劈棍时由上向下斜击，沉腰坐胯；力达棍梢。

劈棍 003

传统术语：走马回头。

现代术语：马步挂劈棍。

源流：李家教拳十八虎桩棍第三十七式。

技法：挂劈。

动作过程：双腿屈膝成马步；同时，双手握棍使棍梢由左随转体经上向身体右侧挂劈棍，双臂屈肘，右手握棍置于右大腿上；目视右前方。

动作要点：挂劈棍时先挂后劈，连贯流畅；力达棍梢。

劈棍 004

传统术语：宝尺量天。

现代术语：马步劈棍。

源流：蔡李佛拳五郎八卦棍第四十八式。

技法：劈。

动作过程： 右脚向前上步，双腿屈膝成马步；同时，双手握棍使棍梢向身体右后方自然下摆，随即棍梢由右后经上向身体前方劈棍，右臂伸直，左手握棍置于右腋下；目视前方。

动作要点： 劈棍时由上向下直劈，发力短促，右前臂贴紧棍身；力达棍梢。

劈棍 005

传统术语：乌龙翻江。

现代术语：高虚步挂劈棍。

源流：洪拳单头棍第二十二式。

技法：挂劈。

动作过程： 左腿屈膝，右脚回撤，右脚尖点地成右高虚步；同时，双手握棍使棍梢由身体前下经左上随转体向身体右侧挂劈棍，双臂屈肘，右手握棍置于右大腿上；目视右前方。

动作要点： 挂劈棍时先挂后劈，连贯流畅；力达棍梢。

劈棍 006

传统术语：上马三枪。

现代术语：上步劈棍。

源流：李家拳五尖棍第三十七式。

技法：劈。

动作过程：（1）右脚向前上步，随即左脚向前上步，左脚尖点地成左高虚步；同时，双手握棍使棍梢由右上向下劈棍，双臂屈肘，右手握棍置于左大腿上；目视前方。

（2）左脚向左前上步，随即右脚向前上步，右脚尖点地成右高虚步；同时，双手握棍使棍梢随转体沿逆时针方向圈绕半圈后向下劈棍，双臂屈肘，右手握棍置于右大腿上；目视右前方。

（3）右脚、左脚、右脚依次向前上步，双腿屈膝成马步；同时，双手握棍使棍梢上挑，顺势向下劈棍，双臂屈肘，右手握棍置于右大腿上；目视右前方。

动作要点：步型转换与连续劈棍配合协调，劈棍发力短促；力达棍梢。

劈棍 007

传统术语：出箭式。

现代术语：高虚步劈棍。

源流：李家教拳十八虎桩棍第二十六式。

技法：劈。

动作过程： 右脚向右侧上步，右脚尖点地成右高虚步；同时，双手握棍使棍梢上挑，顺势由上向下劈棍，双臂微屈；目视右前方。

动作要点： 劈棍时沉腰坐胯；力达棍梢。

劈棍 008

传统术语：雪花盖顶。

现代术语：弓步劈棍。

源流：洪拳单头棍第三式。

技法：劈。

动作过程： 左脚向后撤步，右脚向前上步，右腿屈膝成右弓步；同时，双手握棍使棍梢经身体右侧沿顺时针方向圈绕半圈后随转体向身体右下方劈棍，双臂屈肘，右手握棍置于右大腿上；目视右前方。

动作要点： 弓步与劈棍发力一致；力达棍梢。

7.3 挂棍

挂棍 001
传统术语：老汉撑舟。
现代术语：弓步挂棍。
源流：洪拳单头棍第七式。
技法：挂。

动作过程： 右腿屈膝成右弓步；同时，双手握棍使棍梢由左随转体向身体右后方挂棍，双臂屈肘；目视左前方。
动作要点： 挂棍时腰部猛然抖动；力达棍梢端。

7.4 崩棍

崩棍 001

传统术语：犀牛望月。

现代术语：半马步崩棍。

源流：洪拳单头棍第四十七式。

技法：崩。

动作过程： 右脚外撇，双腿屈膝成半马步；同时，双手握棍使棍梢由左向身体右后上方崩棍，右臂屈肘，左臂微屈；目视棍梢。

动作要点： 崩棍时腰部猛然抖动；力达棍梢。

崩棍 002

传统术语：猛豹回头。

现代术语：高虚步崩棍。

源流：洪拳单头棍第四十九式。

技法：崩。

动作过程： 右脚回撤，右脚尖点地成右高虚步；同时，双手握棍使棍梢由左向身体右后上方崩棍，右臂屈肘，左臂微屈；目视棍梢。

动作要点： 崩棍时腰部猛然抖动；力达棍梢。

7.5 绞棍

绞棍 001

传统术语：美女绞花。

现代术语：盖步绞棍。

源流：洪拳双头棍第二十九式。

技法：绞。

动作过程： 右脚经左脚前盖步，随即左脚向左侧跨步，双腿屈膝成马步；同时，双手握棍使棍梢沿顺时针方向绞棍一圈，双臂屈肘；目随视棍梢。

动作要点： 盖步与绞棍配合协调；力达棍梢。

7.6 抛棍

抛棍 001

传统术语：白蛇吐信。

现代术语：马步抛棍。

源流：李家拳五尖棍第二十五式。

技法：抛。

动作过程： 双腿屈膝成马步；同时，双手握棍使棍梢沿逆时针方向圈绕一圈，顺势由下向身体右侧抛棍，棍梢顺势回落，右臂微屈，左手握棍置于左肩前；目随视棍梢。

动作要点： 抛棍时左手握棍迅疾下拽，腰部猛然抖动，右手心向上，食指伸直贴紧棍身；力达棍梢。

抛棍 002

传统术语：天王托塔。

现代术语：高虚步抛棍。

源流：蔡李佛拳五郎八卦棍第四十二式。

技法：抛。

动作过程： 左脚向前上步，左脚尖点地成左高虚步；同时，双手握棍使棍梢沿逆时针圈绕一圈，顺势由下向上抛棍，棍梢顺势回落，右臂微屈，左手握棍置于左肩侧；目随视棍梢。

动作要点： 抛棍时左手握棍迅疾下拽，腰部猛然抖动，右手心向上，食指伸直贴紧棍身；力达棍梢。

抛棍 003

传统术语：淘沙泼水。

现代术语：弓步抛棍。

源流：蔡李佛拳五郎八卦棍第五十七式。

技法：抛。

动作过程： 左腿屈膝成左弓步；同时，双手握棍使棍梢由右经下向身体前方抛棍，棍梢顺势回落，右臂微屈，左手握棍置于左肩上；目视前方。

动作要点： 抛棍时左手握棍迅疾下拽，腰部猛然抖动，右手心向上，食指伸直贴紧棍身；力达棍梢。

7.7 滚压棍

滚压棍 001

传统术语：老翁钓鱼。

现代术语：高虚步滚压棍。

源流：蔡李佛拳五郎八卦棍第十四式。

技法：滚压。

动作过程： 右脚向前上步，右脚尖点地成右高虚步；同时，双手握棍使棍梢由上向下滚压棍，左臂微屈，右手握棍置于右大腿上；目视右前方。

动作要点： 滚压棍时右臂外旋，左臂内旋，发力短促；力达棍梢。

滚压棍 002
传统术语：蟒蛇翻腰。
现代术语：马步滚压棍。
源流：李家拳五尖棍第二十七式。
技法：滚压。

动作过程：双腿屈膝成马步；同时，双手握棍使棍梢由上向下滚压，左臂微屈，右手握棍置于右大腿上；目视右前方。
动作要点：滚压棍时右臂外旋，左臂内旋，发力短促；力达棍梢。

7.8 顶棍

顶棍 001

传统术语：锁喉棍。

现代术语：跪步顶棍。

源流：蔡李佛拳五郎八卦棍第五十三式。

技法：顶。

动作过程： 右脚向右前上步屈膝，左脚跟步成跪步；同时，双手握棍使棍身向身体左侧回拉，随即使棍梢由下向斜上顶棍，双臂伸直，棍把触地；目视棍梢。

动作要点： 顶棍时右手心向下，食指伸直按压棍身，顶棍与把端触地发力一致；力达棍梢端。

7.9 击把

击把 001

传统术语：虎尾棍。

现代术语：马步击把。

源流：蔡李佛拳五郎八卦棍第三十八式。

技法：击把。

动作过程：右脚向右横跨步，双腿屈膝成马步；同时，左手握棍向棍梢方向滑动，双手握棍顺势由左向身体前方横击把，双臂屈肘，右手握棍置于右肩侧；目视前方。

动作要点：击把时拧腰锁胯；力达棍把。

7.10 戳棍

戳棍 001

传统术语：渔翁棹舟。

现代术语：弓步戳棍。

源流：蔡李佛拳五郎八卦棍第四十七式。

技法：戳。

动作过程： 右腿屈膝成右弓步；同时，右手握棍向棍把方向滑动，顺势向身体前方戳棍，双手握棍置于胸前，双臂屈肘；目视前方。

动作要点： 戳棍时拧腰锁胯，双手贴紧握棍；力达棍梢端。

7.11 挑棍

挑棍 001

传统术语：掘田泼水。

现代术语：弓步挑棍。

源流：李家教拳十八虎桩棍第二十九式。

技法：挑。

动作过程：右脚向右横跨步成右弓步；同时，双手握棍使棍梢由右向身体左侧自然下摆，顺势向身体右上方挑棍，右臂贴紧棍身，左手握棍置于右胸前；目视棍梢。

动作要点：挑棍时腰部猛然抖动，发力短促；力达棍梢。

7.12 摔棍

摔棍 001

传统术语：老虎摊腰。

现代术语：弓步摔棍。

源流：莫家拳落地棍第十五式。

技法：摔。

动作过程： 右腿屈膝成右弓步；同时，双手握棍使棍梢沿逆时针方向圈绕一圈，顺势使棍身由上向身体前下方摔棍，双臂伸直；目视棍梢。

动作要点： 圈绕、摔棍连贯流畅；力达棍身。

7.13 托棍

托棍 001

传统术语：浪里挑沙。

现代术语：独立步托棍。

源流：蔡李佛五郎八卦棍第五十四式。

技法：托。

动作过程： 左腿微屈支撑，右腿提膝成独立步；同时，双手握棍使棍身由下向头顶上方托棍，双臂屈肘；目视右前方。

动作要点： 提膝独立时右脚尖勾起，脚掌向前；力达棍身。

托棍 002
传统术语：高山流水。
现代术语：高虚步托棍。
源流：洪拳单头棍第三十七式。
技法：托。

动作过程： 左脚、右脚依次向前上步，右脚尖点地成右高虚步；同时，双手握棍使棍梢沿顺时针方向圈绕半圈，顺势向头顶上方托棍，双臂屈肘；目视右前方。

动作要点： 圈绕棍与托棍衔接紧密；力达棍身。

7.14 压棍

压棍 001

传统术语：平山三弹。

现代术语：连环压棍。

源流：蔡李佛五郎八卦棍第四十七式。

技法：压。

动作过程：（1）右脚回撤，右脚尖点地成右虚步；同时，双手握棍使棍梢由上向下拨棍；目视棍梢。

（2）右脚向前上步，双腿屈膝成马步；同时，双手握棍使棍梢沿顺时针方向圈绕半圈，顺势向下压棍，右臂伸直，左手握棍置于左腰侧；目视棍梢。

以上动作连续做三次。

动作要点：动作灵活敏捷，衔接紧密；力达棍梢。

7.15 点棍

点棍 001

传统术语：蜻蜓点水。

现代术语：高虚步点棍。

源流：洪拳单头棍第八式。

技法：点。

动作过程： 右脚尖点地成右高虚步；同时，双手握棍使棍梢向身体右下方点棍，双臂微屈，右手握棍置于右大腿上；目视棍梢。

动作要点： 点棍发力短促；力达棍梢端。

7.16 盖棍

盖棍 001
传统术语：二郎下山。
现代术语：弓步盖棍。
源流：洪拳双头棍第三十七式。
技法：盖。

动作过程：左腿屈膝成左弓步；同时，双手握棍使棍梢由右经上随转体向身体前下方盖棍，右臂伸直，左手握棍置于右腋下；目视棍梢。
动作要点：盖棍时拧腰转胯；力达棍梢。

盖棍 002

传统术语：巧妇盖锅。

现代术语：弓步盖把。

源流：蔡李佛拳五郎八卦棍第五十五式。

技法：盖。

动作过程：（1）左脚向前上步，随即右脚拖步，左腿屈膝前弓成骑龙步；同时，双手握棍使棍梢由右后经上随转体向身体右侧盖棍，双臂屈肘，左手握棍收于左腰侧；目视棍梢。

（2）右脚向前上步，随即左脚拖步成右弓步；同时，双手握棍使棍把由左后经上随转体向身体右侧盖把，双臂屈肘，右手握棍收于右腰侧；目视左前方。

动作要点：盖把时由上向下直盖，发力短促；力达棍把。